AF498037

RÉPONSE

DES DÉPUTÉS

DES MANUFACTURES ET DU COMMERCE

DE FRANCE,

Aux Motions de MM. de COCHEREL *&
de* RAYNAUD, *Députés de l'Isle de
St. Domingue à l'Assemblée Nationale.*

MESSIEURS les députés de St. Domingue
à l'Assemblée Nationale ont remis le 13 de ce
mois, à Messieurs les six commissaires du Comité
d'agriculture & de commerce, neuf pieces signées
d'eux,

La premiere est une Motion de M. de Cocherel du 29 août, au pied de laquelle est une note
dont nous ne ferons pas mention, parce que les

A

signatures de Messieurs les députés sont au deffus de cette note. Nous obferverons feulement qu'elle auroit dû être biffée ou fignée.

La feconde eft une Motion de M. le Comte de Reynaud du 31 août, au pied de laquelle font des obfervations non fignées. Nous en ferons mention malgré nous, parce qu'elles ont un rapport trop direct à la queftion, pour les négliger.

La troifieme eft une brochure portant pour titre, *Réplique de M. de Cocherel.* Cette Replique fignée eft fuivie d'une lettre non fignée de M. le Mis du Chilleau à MM. les députés de St. Domingue, en date du 29 août 1789.

La quatrieme & la cinquieme font des tableaux de l'importation des farines Françoifes, & des procès-verbaux de l'approvifionnement des principales villes de St. Domingue.

La fixieme eft l'Ordonnance de M. le Mis du Chilleau &^e de M. de Marbois, du premier avril 1789, portant permiffion d'introduire les farines étrangeres dans les trois ports d'entrepôt de St. Domingue, pendant trois mois.

La feptieme eft l'Ordonnance de M. le Mis du Chilleau, du 27 mai 1787, enregiftrée le 29 du même mois, portant permiffion d'introduire les farines étrangeres dans tous les ports d'Amirauté de St. Domingue, jufqu'au premier octobre, & d'extraire les denrées coloniales.

Cette Ordonnance rendue au nom du Général & de l'Intendant, n'a été signée que par le Général, l'Intendant l'ayant refusé.

La huitieme est l'Arrêt du Conseil du Roi, qui casse l'Ordonnance ci-dessus, en ce qu'elle permet l'introduction des farines étrangeres dans tous les ports d'Amirauté, & l'extraction des denrées coloniales, & la confirme quant à ses autres dispositions.

La neuvieme enfin est un résumé des demandes de Messieurs les députés de St. Domingue, portant le titre de *Précis*.

Toutes ces pieces nous ont été remises, le 17 de ce mois au soir, par MM. les six commissaires du Comité d'agriculture & de commerce, sous notre récépissé.

De toutes les parties de la mission qui nous a été confiée, la plus pénible & la plus triste sans doute est celle que MM. les députés de St. Domingue nous forcent de remplir. Ils offrent à la Nation assemblée le tableau de 400 mille individus livrés aux horreurs d'une famine continuelle, entretenue soigneusement par les *MARCHANDS* (1) *des Ports de mer,*

____

(1) Nous remercions MM. les Députés de St. Domingue de nous avoir rendu notre véritable titre, le seul (*Merchant*) que les Anglois, nos respectables rivaux, employent. Il y a si peu de tems qu'il étoit encore le signe du mépris de notre profession, que nous n'osions pas nous en parer. Nous le porterons désormais avec une noble assurance.

A 2

& les MARCHANDS des farines, pour faire mourir de faim 10 à 12 mille Negres par an, pour ôter aux Colons leurs forces exploitantes, pour tenir, par le plus criminel de tous les *monopoles,* dans l'oppreſſion & dans la miſere, la plus belle & la plus productive de nos Colonies.

Ils peignent cette famine, qui dure depuis plus d'un ſiecle, arrivée dans ce moment au plus affreux dégré.

Le ſujet que nous allons traiter eſt grave : il ne nous permet pas de négliger aucune des aſſertions de MM. les Députés. Il eſt queſtion de la vie des hommes, & d'une portion d'hommes que l'humanité & l'intérêt ont rendu extrêmement précieuſe.

D'un côté, on préſente au Tribunal de la Nation, la plus ſenſible du Monde, 400 mille inſtrumens du luxe de l'Europe, n'obtenant pas pour prix de l'abandon abſolu de leur exiſtence, les moyens rigoureux de la ſoutenir. De l'autre, on dénonce à cet impoſant Tribunal la conſpiration générale de tous les agens du commerce contre ces infortunées victimes.

Si les accuſations de MM. les Députés de St. Domingue étoient éclairées, non de la vive lumiere de la vérité, mais de la lueur pâle & incertaine des plus foibles vraiſemblances, nous frémirions d'en être les objets; & la providence éternelle, qui tôt ou tard révele les crimes des peuples & des particuliers, nous ôteroit tout moyen de défenſe.

L'honneur (1) des *Marchands* François, fi cruel-lement offenfé, ne peut admettre aucun ména-gement. Nous dirons, en leur nom, à l'Affemblée Nationale, que le tableau qui lui a été préfenté par MM. les Députés de St. Domingue, eft faux. Nous dirons que la difette qui peut-être regne actuellement dans la Colonie de St. Domingue, ne frappe que les habitans Blancs, & que les Negres n'en peuvent être atteints. Nous avons acquis le droit de dire ce que nous avons la certitude de prouver.

Nous allons démontrer ces deux propofitions : nous expoferons enfuite nos vues fur les moyens de fecourir la Colonie dans la difette qui l'afflige.

---

(1) Si nous avions befoin de témoignages contre nos accufateurs, nous invoquerions celui de tous les Commerçans de l'Europe, qui ont un refpect religieux pour la loyauté & la franchife des Commerçans François. Nous irions demander à MM. les Colons réfidans à Paris ou dans les provinces, lequel d'entr'eux qui confiant fans détour & fans réferve à fon Correfpondant fa fituation malheureufe, n'en a pas reçu des fecours prompts & fouvent défintéreffés? Quel eft celui qui a manqué d'avances pour des entreprifes raifonnables? A qui on a refufé toute l'indulgence qu'il defiroit pour fes créances échues, quand fon impuiffance étoit couverte par une bonne conduite? Et ce font de tels hommes qu'on ofe traduire devant la Nation, comme des fpéculateurs en affaffinats !

PREMIERE PROPOSITION

Il n'eſt pas vrai que la fourniture des farines Françoiſes, dans la Colonie de St. Domingue, ſoit inſuffiſante, & qu'elle ſoit la cauſe que 10 à 12 mille Negres meurent de faim tous les ans.

Il importe d'abord de donner une idée rapide de la Colonie de St. Domingue.

La Colonie de St. Domingue étoit habitée en 1787, par 24,192 Blancs ; par 19,632 gens de couleur libres ; & par 364,196 Noirs. Depuis cette époque, la population des Noirs s'eſt accrue. Et nous penſons, que dans le moment où nous écrivons, elle peut être portée à 400,000.

De ces 400,000 Noirs, 140,000 à peu près exploitent les ſucreries que nous croyons être au nombre d'environ 700.

Nous eſtimons à 150,000, ceux qui ſont employés dans les montagnes à la culture du café & des vivres : le reſte appartient aux cotonneries, indigotteries, enfin aux villes & aux bourgs ; & nous croyons, avec quelque fondement, que ceux

qui habitent les villes & bourgs, sont au nombre
de 30,000 à 35,000. N'ayant pas les récense-
mens détaillés sous les yeux, nous ne pouvons
donner que des approximations; mais nous pen-
sons qu'elles avoisinent de très-près la vérité.

Les 150,000 Noirs qui cultivent le café &
les vivres dans les montagnes, jouissent d'une
abondance excessive en vivres. Cette abondance
est telle que la plus petite partie de leur superflu
sert à garnir les marchés des villes, des bourgs,
& à établir un commerce d'échange très-actif avec
les Negres de la plaine, qui leur procure une ai-
sance inconnue dans nos campagnes. La disette
ne se fait jamais sentir dans les montagnes, parce que la fraîcheur du climat, la fréquence des
pluies, la fertilité d'un sol qui donne 5 à 6 récoltes par an, assurent la subsistance de ce peuple.

Les sécheresses courtes & rares qui passent sur
ces montagnes, n'y laissent que des traces lége-
res, parce que plusieurs especes de vivres résistent
à l'action de cette sécheresse, & se conservent
en terre. Tels sont le manioc & le tayau, ou
chou Caraïbe, qui peuvent se garder en terre plus
d'un an, l'igname créole, qui se conserve six mois hors
de terre, le riz, le maïs, les pois dont on peut
former des magazins. La banane se cultive dans
des ravines profondes & fraîches, elle produit

moins dans les sécheresses, mais il n'y a que diminution de produit.

Le pain ne paroît dans les montagnes, que
sur les tables des Blancs : il y est toujours accom-
pagné d'une grande quantité de vivres du pays,
que les Créoles préferent souvent au pain d'Europe.
Il paroît quelquefois dans les fêtes des Negres ;
mais on ne l'y voit que comme ces oiseaux rares
& sans goût, que les riches de notre Europe ser-
vent sur leurs tables, en signe de leur opulence
& de leur vanité. Les maîtres en distribuent dans
les hopitaux ; mais cette quantité est si peu considérable, parce qu'elle est peu nécessaire, qu'une
habitation de deux cents Negres ne consomme
guere plus de quatre barils de farine par an. En
effet la Nature a tellement diversifié la nourriture
dans cette riche contrée, qu'elle l'a appropriée
à tous les âges, à tous les sexes & à toutes les
maladies. Elle a donné le manioc, la patate,
l'igname, la racine du chou Caraïbe aux hommes sains & robustes ; la banane aux individus
plus délicats ; le riz, la farine de Maïs, mille
especes de pois & de légumes, à ceux que des maladies ont épuisés. Enfin le pain se mêlant à toutes ces productions, offre un dernier moyen de
nuancer la nourriture, suivant les diverses nuan-
ces de la maladie & des forces du sujet.

On peut voir par ce récit vrai, & en témoignage duquel nous invoquons ceux de nos Juges qui ont habité la Colonie de St. Domingue, que les 150,000 Negres qui habitent les montagnes, n'ont pas besoin de confommer, & ne confomment prefque pas de farines d'Europe. En admettant quatre barils pour 100 Negres, la confommation annuelle feroit de 3000 barils de farine.

Il refte 250,000 Negres, dont 30 à 35,000 habitent les villes & bourgs. Ceux-ci, comme nous l'avons déjà obfervé, font approvifionnés par les Negres des montagnes ; mais comme dans toutes les fociétés, les claffes inférieures tendent à s'approcher des claffes fupérieures, au moins par l'imitation, les Negres domeftiques & ouvriers ont cherché à imiter les goûts des Blancs ; & nous avouons que la confommation du pain eft plus confidérable que dans les montagnes. Nous fuppoferons que cette confommation peut être équivalente à celle de 4,000 Blancs qui ne vivroient que de pain.

Les 215,000 Negres qui exploitent les fucreries, les indigotteries & les cotonneries, ont, comme ceux des montagnes, des moyens de fubfiftance tirés des productions du fol ; mais la terre infiniment précieufe dans quelques bonnes fucreries, a amené les propriétaires à refferrer la portion de terre confacrée à la culture des vivres.

Néanmoins dans ces terres privilégiées & rares, où tout se mesure, où tout se calcule, le Negre y jouit encore, en toute propriété, d'un terrein suffisant pour sa nourriture, si on considere sur-tout que ce terrein, d'une fertilité auprès de laquelle nos meilleures terres sont stériles, produit en tout tems, en peu de tems, sans fumier, sans labour & presque sans travail. On fait une réserve d'un grand terrein destiné aux malades, aux vieillards, aux enfans, aux nourrices. On distribue du sirop, qui est un objet d'échange avec les vivres des Negres de la montagne. Dans les sécheresses, beaucoup d'habitations peuvent se garantir de leurs effets par l'arrosage. Celles qui sont privées de cette ressource, multiplient les échanges avec les Negres des montagnes, qui ont toujours un fonds inépuisable de subsistance. Il en résulte à la vérité une augmentation dans le prix des vivres; mais cette augmentation qui par-tout est de niveau avec l'augmentation des demandes, n'est jamais hors des moyens de l'habitant.

On prévient encore les disettes par les achats de riz des États-Unis, qui est toujours abondant dans les villes, par les feves & pois d'Europe. Enfin presque toutes les habitations de la plaine ont de petites habitations dans les montagnes, uniquement destinées au soulagement des Negres de la plaine.

On ne confomme donc de pain , que dans les
hopitaux. Cet aliment y eft adminiftré à ceux qui
font véritablement malades , ou convalefcens. Les
Nègres qui n'ont befoin que de repos , ou qui y font
retenus par des plaies aux jambes (maladie extrêmement commune dans les pays chauds) ne font
nourris qu'avec les vivres du pays , & avec le riz des
États-Unis. Il réfulte de cet apperçu qu'en portant
la confommation moyenne des farines dans la plaine,
à un baril par 15 Nègres chaque année , nous l'éva-
luóns au deffus de la confommation réelle. Nous
invoquons encore ici le témoignage de ceux de nos
Juges qui ont cultivé lès Colónies. Il ne feroit pas
aifé d'en confommer davantage. Dans les belles
fucreries qui en font le plus grand ufage , le bois
manque abfolument: tout le fervice de la manufac-
ture & des cuifines fe fait avec la canne à fucre,
quand elle a été preffée au moulin ; le four à pain ne
peut être échauffé que fort difficilement avec cette
canne à fucre , & on y employe du bois qu'on fe
procure avec des peines infinies. D'ailleurs l'embarras
de la fabrication rendroit l'ufage de cette nourriture
impoffible pour tout l'attelier. Le riz dont la cuiffon
eft fimple & aifée , eft la nourriture la plus convenable & la plus ufitée. Les États-Unis le portent à
St. Domingue en fi grande quantité , qu'on l'achete
prefque toujours au même prix qu'en France. Il vaut
dans nos ports de mer de 20 à 24 liv. qui équivalent

à 30 ou 36 liv. de l'Amérique. C'eſt le prix ordinaire qu'il ſe vend dans les ports de St. Domingue.

Ainſi la nourriture dont la préparation eſt la plus ſimple, qui doit être la plus ſaine & la plus convenable, puiſque la Nature, cette bonne conſeillere, l'a donnée aux pays chauds (1), eſt preſque en tout tems au même prix qu'en France.

Les 215,000 Negres qui exploitent les ſucreries, cotonneries & indigotteries, à la moyenne exagérée d'un baril de farine par 15 Negres, conſomment par an 14,333 barils de farine.

Il reſte 19,632 (2) gens de couleur libres.

Ces gens de couleur, à la réſerve d'un petit nombre qui eſt aiſé & qui demeure dans les villes, ſe nourriſſent tous de vivres du pays. Leurs goûts, leurs habitudes les attachent à cette nourriture ſaine qu'on ne pourroit pas aiſément leur faire quitter. Ces habitudes ſont un des regrets qu'ils éprouvent quand ils ſont hors de leur patrie. Néanmoins nous voulons forcer les élémens de nos calculs, & nous eſtimerons

____

(1) Les Negres de la Côte-d'Or qui ſont les plus robuſtes de l'Afrique, ſe nourriſſent principalement de riz.

(2) L'État de la population de St. Domingue en 1786 ne donne que 16,992 gens de couleur libres. Nous avons préféré l'État de l'année 1787 qui donne 19,632 gens de couleur libres, parce que nous voulons éviter le reproche d'avoir atténué les baſes de nos calculs.

que la consommation des farines faite par les gens de couleur libres, peut être représentée par 4,000 Blancs ne vivant que de pain.

(1) Enfin, & pour achever le tableau des consommateurs de St. Domingue, nous trouvons 24,192 habitans Blancs. Beaucoup de ces habitans Blancs vivant dans les montagnes, consomment autant de vivres du pays, que de farines ; mais nous n'aurons aucun égard à cette considération, & nous les supposerons tous vivant de pain.

La nourriture d'un homme dans nos climats tempérés est évaluée à une livre & demie. Dans ce calcul moyen, on comprend l'homme de travail qui ne vit guere que de pain, & qui consomme beaucoup plus d'une livre & demie par jour. Dans nos Isles, l'homme de travail ne mange pas de pain ; il n'y a que les gens aisés. Ces gens aisés habitent un climat brûlant qui exige une nourriture succulente. La consommation du pain à St. Domingue ne devroit donc pas être évaluée à une livre & demie par homme. Elle ne s'éleve pas non plus à cette quantité ; mais ayant commencé à forcer nos données,

---

(1) L'État de 1786 ne donne que 23,133 habitans Blancs ; mais par la raison de la note précédente, nous avons choisi l'année 1787, qui élève la population des habitans Blancs à 24,192.

nous continuerons dans le même principe. Nous difons que les 24,192 Blancs confommant chacun une livre & demie de pain par jour, confomment tous enfemble 36,288 liv. de pain par jour, & par an 13,245,120 liv. de pain, ci . . . . . . 13,245,120.l.

Les Negres qui habitent les villes, repréfentant 4,000 Blancs qui ne vivent que de pain, confom- ment par jour 6,000 liv. de pain, & par an 2,190,000 liv. ci . . . . 2,190,000.

Les gens de couleur repréfentant 4,000 Blancs qui ne vivent que de pain, confomment par jour 6,000 liv. de pain, & par an 2,190,000, ci . . . . 2,190,000.

Les 150,000 Negres qui habitent les montagnes, doivent confom- mer, fuivant nos eftimations, 3,000 barils de farine par an, qui équivalent à 675,000 liv. de pain, ci . . . . 675,000.

Les 215,000 Negres qui exploitent les fucreries, cotonneries & in- digotteries, confommant 14,333 barils de farines, repréfentent une confommation annuelle de 3,224,925 liv. de pain, ci . . . . 3,224,925.

Confommation annuelle des habi- tans Blancs, gens de couleur libres & Negres de St. Domingue. . . . 21,525,045.

Messieurs les Députés conviennent que les navires François portent annuellement 150,000 barils de farine dans la Colonie de St. Domingue ; cet aveu est d'accord avec l'État ci-dessous de cinq années :

	Barils de Farine
En 1784 on a importé.......	107,168.
En 1785..............	150,186.
En 1786..............	151,047.
En 1787..............	199,236.
En 1788..............	142,388.
TOTAL en 5 ans......	750,025.
ANNÉE COMMUNE.....	150,005.

Sur la quantité de 750,025 barils de farine, le port de Bordeaux en a introduit 658,413 barils ; & tous les autres ports réunis ont introduit 91,612 barils.

Chaque baril de farine pese 180 liv. net ; il donne, en ne mettant qu'un quart (1) en sus, 225 liv. de pain. Ainsi les 150,000 barils de farine introduits annuellement à St. Domingue, ont produit

___

(1) On évalue en France le rapport de la farine au pain, dans la proportion de 3 à 4 ; & nous ne l'évaluons pour nos calculs que dans celle de 4 à 5.

un approvifionnement de 33,750,000 l. de pain. La confommation totale ne s'élevant qu'à 21,525,045 l. il refte d'excédant 12,224,955 liv. de pain.

Cet excédant de 12,224,955 l. de pain, c'eft-à-dire, de 57,666 barils de farine, fert à la nourriture des équipages des navires, aux caboteurs fur les côtes , aux achats que les Efpagnols viennent faire , & qu'ils introduifent chez eux en contrebande (1).

Enfin le refte de cet excédant eft mis en magazin par des fpéculateurs qui l'ont acheté à vil prix, foit dans des ventes à l'encan qui font très-fréquentes , foit chez les Capitaines qui , fur leur retour pour France , fe débaraffent à tout prix d'une marchandife qui ne peut fe conferver (2). S'il ne furvient pas

---

(1) Un Colon Efpagnol ne peut manger d'autre pain, que celui qui lui eft fourni par une Compagnie exclufive ; & , comme on le penfe aifément , il eft mauvais & cher.

(2) Ce font ces approvifionneurs qu'on appelle fi injuftement des *accapareurs* , qui veillent fans ceffe fur les fubfiftances. Ils forment des magazins dans le tems de l'abondance, ils les ouvrent dans le tems de la difette. Ils font les gardiens & les fauveurs de la vie des peuples : fans eux , fans l'efpoir du profit qui détermine leurs opérations , on pafferoit rapidement de l'abondance à la famine. La denrée avilie feroit négligée & perdue. Ce font eux qui en arrêtent l'aviliffement: ce font les dépôts remplis par leurs prévoyans calculs, & ouverts

de

de révolution intérieure , ou fi le commerce de la Louifianne ne fournit pas de débouché à ces amas , ils périffent en peu de tems , & il faut les jetter.

Si nous avions pu prévoir les demandes & les ac- cufations de Meffieurs les députés , nous aurions fait venir de nos ports de mer des états de ces ventes , & nous aurions prouvé avec évidence ce que nous avançons. Nous aurions démontré que fouvent la farine fe vend à 24 & 30 liv. le baril , argent de l'Amérique , qui font 16 liv. & 20 liv. argent de France. Mais ici , comme dans tout notre récit , le témoignage de Meffieurs les Colons , qui fe font eux-mêmes quelquefois approvifionnés de cette ma- niere , nous tiendra lieu de preuve.

Les commerçans ne demandent point de dédomm- magement quand leurs fpéculations ont été ruinées. Ils fupportent leur perte en filence , ils attendent qu'une révolution dans le cours des marchandifes , répare le dommage qu'une trop grande abondance a caufé. Si des défaftres trop répétés , fi une longue chaine d'événemens ruineux renverfe leurs projets , & détruifent toutes leurs efpérances , alors feulement

---

fucceffivement à mefure que la rareté fe fait fentir, qui nuancent les intervalles entre la richeffe & la pauvreté , & qui donnent le tems de venir au fecours de la Nation. Ces vérités , neuves encore peut-être en France pour bien du monde , feront bientôt des idées communes.

B

leurs regiſtres s'ouvrent, ils expoſent aux avides regards des hommes la perte de leurs biens & de leur
honneur. L'opinion qui ſouvent réſiſte aux loix & les
enfreint, ſe réunit à elles pour proſcrire & dévouer
à l'opprobre & à la miſere un citoyen honnête, un
pere de famille vertueux & irréprochable à qui on
ne peut imputer que de n'avoir pas maîtriſé les
hazards. La ſituation d'un Colon dans nos Iſles eſt
différente, il faut en convenir : il peut tout à la fois
devoir le double de ſon bien, ne pas payer,
voir les loix ſans action dans les mains de ſes
créanciers, vivre dans l'opulence & jouir de la
conſidération qui l'accompagne. Loin de nous toute
application. Nous comparons la ſituation de deux
grands corps, & nous ne voulons que montrer com-
bien celle des *marchands* eſt défavorable.

Après avoir prouvé notre premiere propoſition
par le calcul des conſommateurs, & leurs rapports
avec l'approviſionnement ; nous allons la prouver par
le calcul du prix des farines.

Nous avons ſous les yeux le prix des farines à S.
Domingue en 1787 & 1788. Ci-contre eſt celui de
1788 : nous le donnons de préférence, parce que
c'eſt dans cette année qu'un ouragan a ravagé la
partie de l'Oueſt de St. Domingue, & que nous
parlerons de ce fléau.

TABLEAU de l'Année 1788.

	FARINES.	
	Fines.	Communes.
	liv.	liv.
1788. Janvier. . . . *le Baril.*	78.	61.
Février.	72.	53.
Mars.	66.	47.
Avril.	66.	43.
Mai.	66.	45.
Juin.	66.	46.
Juillet.	66.	46.
Août.	89.	50.
Septembre.	103.	62.
Octobre.	104.	71.
Novembre.	90.	62.
Décembre.	75.	57.
SOMME TOTALE. . .	941.	643.

Le prix moyen de la farine fine que les habitans aisés consomment, fut de 78 liv. 8 sols 4 deniers le baril, pour 225 liv. de pain. La livre de pain coûta

6 fols 11 deniers, argent de l'Amérique, qui répondent à 4 fols 7 deniers & demi tournois.

Le plus haut prix de la farine fine, durant cette année, fut au mois d'Octobre. Elle coûta 104 liv. le baril de 225 liv. de pain : le pain revint à 9 fols 3 den. d'Amérique, qui valent 6 fols 2 den. tournois.

Le prix moyen de la farine commune qui eſt celle que les pauvres Blancs & les Negres malades ſur les habitations conſomment, fut de 53 liv. 11 fols, 8 deniers le baril de 225 liv. de pain : la livre de pain coûta 4 fols 9 deniers d'Amérique, qui répondent à 3 fols 2 deniers tournois.

Le plus haut prix de cette farine commune fut de 71 liv. le baril de 225 liv. de pain : le pain revint à 6 fols 3 deniers d'Amérique, qui valent 4 fols 2 deniers tournois.

Il convient de faire ici pluſieurs réflexions.

1°. En établiſſant le prix du pain ſur celui des farines, annoncé dans les gazettes, nous l'avons porté à la plus haute valeur. Tous ceux qui connoiſſent les Colonies, ſavent que le prix des gazettes eſt celui des plus hautes ventes chez les Capitaines, & qu'on l'obtient toujours au deſſous de ce tarif qui n'eſt qu'une indication exagérée.

2°. La farine, comme toutes les autres denrées d'Europe, ne ſe vend pas comptant : il y a toujours un terme de trois mois pour la payer.

3°. La farine qu'on appelle farine fine eſt ſupérieure en beauté aux plus belles farines dont on

approvifionne la Capitale ; & celle qu'on appelle commune, eft celle qui fe confomme dans les provinces
de France. Le pain bis eft inconnu dans nos Ifles.

4 . Et celle-ci eft très-importante. Les denrées
comme l'argent n'ont point de valeur réelle & dé-
terminée ; elles ne peuvent avoir que des valeurs re-
latives. C'eft au prix de la journée d'un homme qu'il
faut les rapporter toutes. La journée de l'homme de
travail eft donc la mefure commune des denrées de
première néceffité. En France, le pain eft ordinaire-
ment à deux fols 3 deniers ou 2 fols 6 deniers la
livre, & la journée d'un ouvrier eft à 25 ou 30 fols.
Dans les provinces où la journée eft à meilleur marché, le pain diminue dans la même raifon. A St. Domingue, la journée d'un ouvrier eft à 6 liv. qui font
4 liv. de France. Si la valeur du pain dans nos Colonies étoit tracée fur la même échelle qu'en France,
il devroit y valoir dans les tems d'abondance, trois
fois plus qu'en France, c'eft-à-dire, 10 fols 1 den.
ou 11 fols 3 den. qui répondent à 6 fols 9 den. ou 7
fols 6 den. tournois, valeur triple de 2 fols 3 den.
à 2. fols 6 den. ; & cependant nous avons vu que
dans le moment de la plus grande valeur, au mois
d'Octobre 1788, le pain n'a valu que 6 fols 3 den.
d'Amérique, qui répondent à 4 fols 2 den. tournois,
& que le prix moyen, durant toute l'année 1788,
a été de 4 fols 9 den. d'Amérique, qui répondent
à 3 fols 2 den. tournois. Ainfi dans les tems de la

plus grande rareté , dans les tems qu'on appelle difette, famine , & qui éveillent la follicitude des adminiftrateurs , le pain a été comparativement prefqu'à moitié du prix qu'il vaut dans les tems d'abondance en France. Ce moment de cherté étoit l'époque de l'ouragan qui ravagea la récolte du fucre & du café, au Port-au-Prince. Il caufa cette augmentation paffagere qui cependant ne porta le prix du pain qu'à moitié de ce qu'il auroit dû valoir, pour être dans un rapport exact avec la journée de l'ouvrier.

5°. Enfin nous connoîtrons encore mieux les rapports entre la France & St. Domingue , par la divifion de la monnoie dans les deux contrées. Dans la Métropole où le Peuple eft nombreux , où prefque tous vivent de leur travail journalier, la monnoie a été fubdivifée prefqu'à l'infini , afin de donner à la claffe indigente & laborieufe , les moyens de pourvoir à fes modiques befoins. A St. Domingue au contraire où la nourriture phyfique eft la moindre dépenfe ; où tout eft luxe, fafte & richeffe ; où les habitations de 2 à 300,000 liv. de revenu , font communes ; où celles qui n'en donnent que 40 à 50 mille, font mifes au dernier rang ; où enfin il n'y a pas de peuple , la monnoie s'eft élevée à ce niveau, & la plus petite piece eft de 7 fols 6 den. du pays, qui valent 5 fols de France. Ainfi le pain eft prefqu'en tout tems, au deſſous de la plus petite piece de monnoie.

Le tableau de la valeur des farines dans les Colonies pour l'année 1787 eſt à peu près ſemblable à celui de 1788 ; & le moment du plus haut prix fut au mois de Mars ; la farine fine valut 103 liv. le baril, & la farine commune 75 liv.

Nous ſavons que MM. les députés de St. Domingue pourront nous objeƈter que nous avons établi le prix du pain ſur le prix du baril de farine, & que nous aurions dû l'établir ſur ce qu'il a valu réellement chez les boulangers dans les villes.

Si nous avions eu à répondre aux habitans des villes, nous aurions raiſonné ſur cette donnée, & nous leurs aurions démontré que le prix étoit encore comparativement beaucoup au deſſous de celui de France ; mais c'eſt à MM. les Colons propriétaires que nous répondons. Ils s'approviſionnent direƈtement de farines chez le Capitaine qui les a apportées de France, & le pain eſt fabriqué chez eux. Le prix du pain dans les villes étant étranger aux Colons, nous n'avons pas dû, en leur répondant, avoir égard au prix du pain dans les villes.

Si le court délai qu'on nous a donné pour notre juſtification, nous avoit permis de faire des recher-

ches, nous nous ferions procuré le prix de la farine, durant la longue paix qui a précédé la der-
nière guerre ; & on auroit vu qu'il a été conftam-
ment au deffous du prix des années 1787 & 1788,
à la réferve de deux inftans très-courts : l'un en
1771, lorfqu'on croyoit une rupture prochaine
entre la France & l'Angleterre, l'autre au com-
mencement de la féchereffe de 1776, qui dura dix
mois. Nous parlerons plus loin de cette calamité.

Nous demandons maintenant à MM. les députés
de St. Domingue, où eft cette difette perpétuelle
entretenue fi foigneufement par les *marchands,
qui fait mourir de faim* 10 à 12 *mille Negres par
an ?* Quand on veut jouer le célebre & dangereux rôle d'accufateur, il faut accumuler les faits.
Il faut fe faire un rempart de preuves que l'accufé
ne puiffe pas ruiner.

Nous défirerions bien ne pas dire que dans les
premiers tems de ce fiecle, les Negres furent traités
avec peu d'humanité, que cette dureté qui en
faifoit périr un grand nombre tous les ans, étoit
un refte de la barbarie des conquérans du nouveau
Monde, & de la valeur féroce des flibuftiers qui
ont fondé les premiers établiffemens à St. Domingue. Cette barbarie s'eft adoucie peu à peu par
les fréquentes communications des Européens ; &
nous faififfons avec empreffement cette occafion
de rendre à MM. les Colons le tribut d'éloges qui

leur eft dû pour le gouvernement doux & humain dont ils ufent maintenant envers leurs efclaves. Ce gouvernement eft le thermométre, de la population. Nous avons fous les yeux un état des naiffances & des mortalités en 1786 & 1787, qui prouve qu'on n'eft pas éloigné à St. Domingue d'atteindre le dernier dégré d'une adminiftration paternelle.

(1) En 1786, fur 332,847 Negres, il y eut 4,217 naiffances, & 5,067 morts.

En 1787, fur 364,196 Negres, il y eut 3,556 naiffances, & 6,116 morts.

Dans la premiere année, les mortalités furpafferent les naiffances de 1,850, & dans la feconde, de 2,560.

––––––––––––––––––––––––––––––––

(1) Nous citons les récenfemens qui font dans les bureaux. Nous ne les croyons pas juftes; mais ce font les feuls documens qu'on puiffe fe procurer. Et l'exactitude qui manque aux mortalités doit auffi manquer aux naiffances. Ainfi notre preuve n'eft point affoiblie. Pour qu'il fût mort 10 à 12 mille Negres par an, de faim feulement, il faudroit qu'il en fût mort au moins 10 mille par an. A la fin de la guerre de 1755, il n'en feroit pas refté un feul. On n'en a introduit que 11 mille, année commune, depuis 1763 jufqu'en 1778. Il y a eu enfuite une guerre de cinq ans; & à la paix de 1783, on en comptoit 300 mille à St. Domingue. Ces réfultats prouvent, fans replique, que la mortalité eft très-modérée à St. Domingue.

La raison de la différence de ces deux années, est qu'en 1787 on importa d'Afrique 30,000 Negres, & que la mortalité dut être plus considérable fur des Negres non acclimatés que fur les autres.

On ne voit point ici cette mortalité effrayante, ces 10 à 12 mille Negres que la cupide avarice des *marchands* égorge tous les ans ; on voit au contraire qu'en perfectionnant le fyftêmé d'adminiftration qui a commencé dans la partie du Cap & qui peu à peu gagne toute la Colonie, on pourra dans quelques années établir le niveau entre les naiffances & les mortalités, & qu'on n'aura plus befoin de Negres d'Afrique, que pour les nouveaux défrichemens.

Voilà, pour le dire en paffant, à quoi doit fe réduire la grande queftion de la fuppreffion de la traite des Negres & de leur affranchiffement. L'adminiftration douce & fage qui s'étend dans toutes nos Colonies, prépare de loin l'abolition de la traite & une condition aux Negres qui fera cent fois préférable à la malheureufe liberté dont jouit l'homme de travail dans la plupart de nos campagnes.

MM. les députés de St. Domingue prétendent qu'il ne faut pas moins de 150,000 barils de farine pour nourrir les Blancs de la Colonie, & de 400,000 pour les Negres. Nous avons prouvé que les 150,000 barils qui y étoient importés annuel-

lement , pourvoyoient abondamment à tous les besoins. Si on accordoit à MM. les députés leur
demande indiscrete , ils prendroient assurément
l'engagement d'acheter & de payer cet énorme
approvisionnement. Il arriveroit que la Colonie de
St. Domingue seroit débitrice annuellement de
150,000 barils de farine fine pour les Blancs ,
qui, au prix moyen de 70 liv. le baril , coûteroient . . . . , 10,500,000 liv.
Et de 400,000 barils de farine
   commune pour les Nègres ,
   qui, au prix moyen de 50 liv.
   le baril, coûteroient, ci . . . . 20,000,000.

Dette annuelle de la Colonie de
   St. Domingue envers la Mé-
   tropole. . . . . 30,500,000. liv.

C'est alors qu'on verroit accourir Messieurs les
députés de St. Domingue, qu'ils s'éleveroient avec
force contre l'impôt abominable de 30,500,000 ,
dont leurs cultures seroient accablées, contre *ce
monopole atroce des Marchands*, contre cette gabelle
d'un nouveau genre ; & il faut convenir que cette
fois ils auroient raison.

MM. les députés de St. Domingue *disent que
les pluyes, les ouragans, les sécheresses détruisent
annuellement pendant 3 à 4 mois leurs espérances,
& qu'un habitant dont toute la terre seroit en vivres,*

n'en feroit pas moins dans le cas d'en manquer pcur ses Negres.

Sur un fol excellent, échauffé par un Ciel brûlant, il ne faut que de la pluye pour le féconder. Auffi la pluye eft-elle appellée le fumier de St. Domingue. Avec la méfure de la pluye qui tombe dans une année, on a facilement celle des récoltes en tout genre. Écartons donc cette caufe de difette invoquée par MM. les députés, qui peut tout au plus, dans quelques rares & petites portions de terre trop humides & trop baffes, retarder momentanément le développement des germes.

On compte deux ouragans dans la partie du Nord & de l'Oueft. Ils ont accompli une période de plus de 40 années. Le premier qu'on ne devroit pas qualifier du nom d'ouragan, & qui n'étoit qu'un fort coup de vent, caufa, en 1772, quelques dommages aux cannes à fucre & aux cafiers dans la partie du Nord ; mais les vivres fouffrirent fort peu, & il n'y eut pas d'augmentation dans le prix des farines. Le fecond a dévafté, l'année derniere, les cultures de la partie de l'Oueft, s'eft même étendu jufqu'à la partie du Sud ; & nous avons vu, qu'à cette époque, l'augmentation que ce fléau caufa dans le prix des farines, ne put élever celui du pain à la moitié de ce qu'il coûte en France dans les temps ordinaires.

La partie du Sud, nous en conviendrons, eft

plus expofée à ces grandes convulfions de la Nature ; mais aucune n'a caufé de difette, ni même d'augmentation remarquable dans le prix des farines.

Les féchereffes font affez ordinaires au Cap, pendant les mois de Février, de Mars & quelquefois Avril. Elles font en quelque forte périodiques, & ne font aucun tort ni aux cultures ni aux vivres qui ont été refroidies par les longues pluyes de l'hiver. Dans d'autres parties, cette périodicité eft très-réguliere, & dure 5 mois tous les ans. C'eft dans ce tems que les travaux des manufactures s'exécutent, & ils font interrompus dans la faifon des pluyes. Sans ces féchereffes fur lefquelles on compte, les manufactures ne pourroient pas être mifes en mouvement ; elles font donc néceffaires & n'occafionnent aucune difette. Quand des caufes extraordinaires prolongent ces féchereffes, alors, comme nous l'avons dit plus haut, les échanges fe multiplient dans les montagnes ; alors même les adminiftrateurs, en vertu des inftructions qu'ils ont toujours eues, ouvrent les ports aux farines étrangeres. Cette marche invariable de l'adminiftration a toujours arrêté les effets des grandes féchereffes, & empêché qu'aucune ait produit une véritable difette. La plus longue & la plus défaftreufe dont on conferve la mémoire à S. Domingue, eft celle de 1776, elle dura près de dix mois. Il y eut un inftant où les vivres monterent à haut prix ; mais le commerce national & les Étrangers accoururent de toutes parts ; & au plus haut dégré d'une calamité qui ruina toutes les récoltes , les vivres furent à si bas prix qu'un navire (1) expédié de Nantes, & entiérement chargé de toutes fortes de vivres , perdit fon capital entier. La vente de fa cargaifon fuffit à peine à payer les frais de fon féjour & de fon voyage. Plufieurs navires emporterent du riz en France, au lieu des denrées coloniales , parce qu'ils l'achetoient à 18 liv. le quintal , argent de l'Amérique , faifant 12 liv. tournois , & qu'il en valoit 23 & 24 en France.

Meffieurs les Députés de S. Domingue avancent que fi le commerce national leur fournifloit des farines à auffi bon marché que les Etrangers , il en réfulteroit accroiffement de *forces exploitantes* qui tourneroit au profit de la Métropole. Ce n'eft pas ici le lieu de développer cette queftion qui tient à ce-qu'on a fi improprement appellé jufqu'à préfent le *régime prohibitif*, & qui n'eft autre chofe que le *régime national*. La néceffité de nous défendre , nous a entraîné dans des calculs qui ont rendu ce Mémoire déjà long : preffés d'ailleurs par Meffieurs les Commiffaires de fournir notre défenfe , lorfque Meffieurs les Députés ont préparé leur attaque à loifir , nous renverrons cette difcuffion à un autre tems. Nous obferverons feulement ici qu'un habitant

____

(1) Le Breton.

fucrier qui a 200 Negres, doit confommer environ 14 barils de farine commune pour fes Negres ; nous l'avons déjà démontré. En recevant ces 14 barils de farine du commerce national, il les payera à peu près 50 liv. & tous enfemble lui coûteront 700 liv. En les recevant du commerce étranger, il les obtiendra peut-être à 40 liv. & tous enfemble lui coûteront 560 liv. Il en coûte donc à cet habitant propriétaire de 200 Negres, qui fait 140 à 150,000 l. de revenu, 140 liv. pour avoir nourri fes Negres malades, avec la farine nationale.

Il faut remarquer que la propriété de cet habitant n'eft grévée d'aucun impôt direct, & que le projet du commerce national eft d'en folliciter l'affranchiffement pour fes denrées. On ne voit pas comment un facrifice de 140 livres ; fuppofons le double & même le triple, peut diminuer les *forces exploitantes* de cet habitant. Tout le monde fait, & Meffieurs les Députés en conviendront, que ce n'eft point à St. Domingue que les Colons perdent leurs *forces exploitantes*, mais à Paris.

Toute action en commerce a une réaction fouvent plus forte que l'action même. L'approvifionnement de nos Colonies eft la caufe d'un grand travail & de la plus belle des manufactures, la conftruction & l'équipement des vaiffeaux. Les 150,000 barils de farine importés annuellement à St. Domingue par le commerce national, font le chargement de 63 navires de 300 tonneaux chacun. Si cette source de richesses & de travail étoit inconnue, il faudroit la chercher avec empressement : si nous l'avions perdue, il faudroit la regagner au prix des plus grands sacrifices : nous la possédons, nous en jouissons.

MM. les Députés de St. Domingue, Membres de l'Assemblée Nationale, François eux-mêmes, voudroient-ils diminuer la fortune d'une Nation dont ils font une si belle partie?

DEUXIEME PROPOSITION.

La disette qui regne actuellement dans la Colonie, ne frappe que les habitans Blancs, & les Negres n'en peuvent être atteints.

Cette proposition rentre dans la premiere : en développant celle-ci, on a pu s'appercevoir qu'il nous restoit peu de choses à dire pour démontrer la seconde.

En effet, il n'y a que les Negres malades sur les habitations qui consomment de la farine, & dans la disette, le pain offre beaucoup de moyens de suppléer cet aliment ; le riz, la farine de Maïs, de Mil, sont aussi sains, aussi légers que le pain.

Les Negres des villes ne mangent du pain que par imitation ; en les remettant, ainsi que les gens

de

de couleur libres, & une partie même des habitans Blancs, à leur nourriture naturelle, on ne leur caufe aucune privation.

C'eft ce qui arrive dans les guerres. Dans celle de 1755, la farine valut jufqu'à 400 liv. le baril : il n'y eut pas d'augmentation de mortalité parmi les Negres. Durant la premiere année de la derniere guerre, la farine valut au Cap 300 liv. le baril ; & elle s'eft foutenue toute la guerre de 150 à 200 l. On n'a pas remarqué de mortalité extraordinaire. La partie du Sud de St. Domingue en a été prefque totalement privée pendant toute la guerre ; & cette partie de l'Ifle n'a pas éprouvé de plus grandes pertes parmi fes Negres, que dans le tems de paix. Nous oppofons toujours des faits connus & vrais aux affertions vagues & indéterminées de MM. les Députés.

Sans doute que, dans les tems malheureux, les habitans Blancs payent le pain cher ; mais l'aifance dont ils jouiffent, les met au deffus de cette dépenfe paffagere. Enfin ils ont pour derniere reffource les vivres du pays qui, fans avoir la même faveur pour un Européen que ceux d'Europe, n'en font pas moins bons & fains. C'eft dans notre Europe que, fans aucune des reffources dont on abonde dans nos Ifles, les difettes exercent les plus affreux ravages. C'eft ici que, fans autre moyen de fubfif- tance, le malheureux cultivateur, l'homme de travail expire de faim & de misere , lorsque le pain lui manque , & que son prix est au-dessus de ses modiques facultés. La pitié des villes ne pénetre guere dans les chaumieres où habitent le désespoir & la mort. Tant d'objets frappent nos regards dans la Capitale & dans les grandes villes, que notre compassion est épuisée avant d'en franchir l'enceinte.

MM. les Députés présentent des calculs d'approvisionnement, dont les résultats semblent faits pour montrer que M. le Mis du Chilleau a développé la conduite d'un sage & grand Administrateur. Ce n'est pas ici le lieu d'examiner l'administration de M. le Mis du Chilleau ; & l'Ordonnance qu'il a rendue le 9 Mai, contre l'avis & malgré les représentations (1) de son co-Administrateur M. de Marbois, portant permission aux Étrangers de commercer librement , & d'introduire des Negres dans les trois Ports de la partie du Sud de St. Domingue pendant cinq années, est trop étrangere à l'objet particulier de l'approvisionnement des farines, pour que nous nous y arrêtions (2).

----

(1) Les représentations , sous le titre de *Réclamations de M. l'Intendant de St. Domingue ,* ont déjà été remises à chacun des Membres de l'Assemblée Nationale.

(2) Nous nous réservons de prouver dans un autre tems, comment M. le Marquis du Chilleau, en violation de tous ses pouvoirs & de tous les principes, a, du signe d'une puissance

Lorsque M. le Mis du Chilleau ouvrit, le 31 Mars, les trois Ports d'entrepôts de St. Domingue aux farines étrangeres, la farine fine valoit à St. Domingue 95 liv. & la commune 72 liv. A ce prix, le pain des Blancs aisés coûtoit 5 sols 7 den. & celui des pauvres Blancs & des Negres malades, 4 sols 5 den. & demi, argent de France. On a déjà vu que la journée d'un homme en Amérique valoit 4 liv. de France : le prix de la farine n'étoit pas au taux où il devroit être, pour avoir une proportion exacte avec le prix du pain en France. Néanmoins, l'inquiétude de l'Europe pour sa subsistance, devoit en inspirer aux Gouverneurs de nos Colonies ; & nous rendons librement hommage

---

qu'on ne peut comparer qu'à celle des Beys d'Egypte, arrêté je mouvement du Commerce national, & livré le patrimoine de la Nation Françoise aux Etrangers & à ses ennemis naturels. Nous prouverons que c'est pour cette Ordonnance du 9 Mai seulement, qu'il a été rappellé, & non pour ses Ordonnances du 31 Mars & 29 Mai, concernant l'introduction des farines.

On a osé accuser les Bretons d'avoir eu le projet d'attenter à la vie de M. le Marquis du Chilleau, à son débarquement à Nantes. On a allarmé le Ministere auquel ils reprocheront d'avoir cru les Bretons capables d'une lâcheté, & d'avoir négocié son passage par Nantes, comme dans un pays ennemi.

Quand les Commerçans attaqueront M. le Marquis du Chilleau, ils l'attaqueront au Tribunal de la Nation.

à la fage prévoyance de cet acte d'adminiftration ; fait de concert entre M. le Mis du Chilleau, Gouverneur, & M. de Marbois, Intendant. Ils fe conformoient à leurs inftructions qui leur enjoignent de veiller fur les fubfiftances.

Le 29 Mai, M. le Mis du Chilleau, contre l'avis de fon co-Adminiftrateur M. de Marbois, & fans fa participation, fit enregiftrer une feconde Ordonnance, fur le fondement que la premiere Ordonnance n'avoit attiré qu'une très-petite quantité de farines étrangeres. MM. les Députés de St. Domingue déclarent eux-mêmes, dans la neuvieme piece intitulée, *Précis*, remife à MM. les Commiffaires, qu'il en entra durant ces trois mois 27,098 barils, & que l'approvifionnement total ne fut diminué que de 3,070 barils. Ils en concluent fur le champ, que la Colonie a manqué de pain *pendant fept jours & plus*. Conçoit-on un pays qui manque de pain *pendant fept jours & plus*, qui ne reçoit pas de fecours, & qui cependant conferve tous fes habitans ? Si on veut bien fe rappeler ce que nous avons dit de l'approvifionnement de St. Domingue, de la répartition exacte & vraie que nous en avons faite, du fuperflu prodigieux que laiffent les 150,000 barils de farine que le Commerce national y porte tous les ans, des reffources infinies qu'offrent les vivres du pays, on demeurera convaincu que cette prétendue famine *de sept jours & plus*, n'a été qu'une diminution de superflu.

Cette seconde Ordonnance, irréguliere dans la forme, en ce qu'elle avoit été rendue fans la participation de l'Intendant, contenant au fond plusieurs difpofitions attentatoires au Commerce national, telles que l'admiffion des farines dans tous les ports d'Amirautés, & l'extraction des denrées coloniales, a été rectifiée par un Arrêt du Confeil du 23 Juillet. Nous difons *rectifiée*, parce que le Confeil du Roi n'a caffé que les difpofitions contraires au Commerce national, & a maintenu ce qui concernoit l'approvifionnement par les ports d'entrepôt.

Cet Arrêt rendu dans la vue de témoigner à M. le Mis du Chilleau qu'il avoit violé fes pouvoirs, & non dans celle d'arrêter l'approvifionnement de St. Domingue, n'a été envoyé à St. Domingue que le 1er. Septembre; ainfi il n'a pu détruire l'effet de l'Ordonnance de M. du Chilleau, dont le terme expiroit le 1er. Octobre.

Ce n'eft pas à nous de juftifier le Confeil du Roi & le Miniftre de la Nation. Notre refpect pour l'Affemblée Nationale nous interdit toute réflexion. Il n'appartient qu'à elle de défendre fon ouvrage, & de maintenir des actes qui n'ont eu d'autre but que de préferver le Commerce national, qui eft la propriété de 26 millions d'hommes

& dont nous ne sommes que les instrumens, des atteintes que lui portoit M. le Mis du Chil-leau.

La seconde Ordonnance n'a pas pourvu aux besoins de la Colonie, & n'a pas dû y pourvoir. Dès le mois de Mars, époque de la premiere Ordonnance, la cherté devenant générale en Europe, le Gouvernement attiroit en France par des fortes primes, les grains étrangers : les *Marchands de Nantes* souscrivoient eux-mêmes, de leur propres deniers, une augmentation de prime (1).

Les États-Unis faisant des envois considérables en Espagne, en Portugal, en France, dans le Nord de l'Europe, vuiderent peu à peu leurs magazins & diminuerent la fourniture de nos Colonies. C'est ainsi qu'elles ont été admises à partager la famine qui regne encore sur la moitié du Globe.

Vues sur les moyens de secourir la Colonie dans la disette qui l'afflige.

Nous ne chercherons pas à diminuer les justes allarmes que doit inspirer la subsistance des habitans Blancs de nos Colonies. La Nature leur a donné abondamment des vivres qui croissent sur le sol

____

(1) Nous ne citons cet acte de patriotisme, que parce qu'il est nécessaire à la triste généalogie de la famine.

qu'ils habitent ; mais la Mere-patrie n'eſt pas pour cela diſpenſée de tâcher de leur en procurer qui ſoient plus appropriés à leurs goûts & à leurs habitudes. La Nation qui a fait de ſi prodigieux ſacrifices pour approviſionner ſes Citoyens d'Europe, en doit également à ſes Citoyens d'Amérique. Ils ont le même droit à ſes ſollicitudes & à ſa protection.

Nous ſommes inſtruits que toutes les Nations ſe diſputent le reſte des magaſins des États-Unis. Les Anglois, les Eſpagnols, les Hollandois croiſent en mer. Ils arrêtent les bâtimens Anglo-Américains qui ont des comeſtibles, ils les conduiſent dans leurs ports reſpectifs, & s'approprient leurs cargaiſons en les payant. Nos vaiſſeaux ſtationnés au Cap, croiſent également pour le même objet, & prennent pour cette ville une ſubſiſtance dont la partie du Sud ſe trouve privée. Ainſi la famine a mis les habitans de l'Amérique dans un véritable état de guerre.

Nous propoſerons pluſieurs moyens, entre leſquels la ſageſſe de l'Aſſemblée Nationale déterminera celui qu'elle croira atteindre de plus près le but de l'approviſionnement des Colonies, dans cette diſette dont la durée ne peut plus être longue.

Premier Moyen.

Il consiste à prêter aux Commerçans des ports de mer, plusieurs Flûtes du Roi, qui seront armées par eux. Ces Flûtes iront chercher des farines aux États-Unis, les porteront dans nos Colonies, & en rapporteront le produit en France. L'avance de l'armement & de l'achat des farines, sera fait par les Places de Commerce, pour le compte de la Nation, & elles seront remboursées, au retour des Flûtes, par le Trésor national, sans intérêt, sans commissions, sans honoraires.

Deuxieme Moyen.

Il conviendroit de permettre à nos navires expédiés pour nos Colonies de toucher dans les ports des États-Unis; mais comme cette échelle occasionneroit un surcroît de dépense, on les en dédommageroit par une prime de 5 liv. par baril de farine, du poids ordinaire, acheté dans les ports des États-Unis, & importés dans nos Colonies. Cette prime seroit payée sur les certificats d'embarquement, des Consuls François dans l'Amérique Septentrionale, & sur ceux de débarquement, des Administrateurs de nos Colonies.

Les Armateurs de ces navires s'obligeroient, sous les peines du cautionnement ordinaire, de faire revenir leurs navires directement dans les ports de France, afin d'éviter l'extraction étrangere des denrées de nos Colonies. On peut tout d'un coup calculer la grandeur du sacrifice que la Nation feroit pour le soulagement de ses Colonies. En supposant que l'importation nécessaire des farines étrangeres, s'éleve à 60, 000 barils, la gratification de 5 liv. par baril, coûteroit 300, 000 liv. Nous croyons le sacrifice bien léger, en le comparant à celui que la Nation a fait & continue de faire pour ses citoyens d'Europe.

TROISIEME MOYEN.

On admettroit les bâtimens étrangers dans les ports d'entrepôt de nos Colonies, ainsi qu'on l'a toujours pratiqué. Ils y vendroient leurs farines, & si les sirops & taffias n'étoient pas suffisans pour les solder, les Administrateurs leur donneroient des lettres de change sur Londres ou Paris (sous le cautionnement, s'il le falloit, des Commerçans nationaux) à un an de vue (1). La valeur de ces lettres de change seroit remise en France en den-

____

(1) Les Anglois en agissent ainsi dans leur Commerce avec les États-Unis. Ce moyen est d'autant plus convenable, qu'il fournit celui d'acquitter la dette ancienne que les États-Unis ont contractée envers l'Angleterre, & qu'ils augmentent par de nouvelles transactions.

rées coloniales par des navires nationaux. La vente en seroit faite & le produit converti en especes, avant que les lettres de change fussent arrivées au terme de leur paiement.

QUATRIEME MOYEN.

Les trois moyens que nous venons de proposer, supposent que les États-Unis peuvent suffire à l'approvisionnement actuel de nos Colonies; mais nous avons lieu de craindre que leurs magasins ne soient épuisés, ou du moins considérablement diminués. Il conviendroit donc peut-être mieux d'envoyer directement de France une subsistance qui devient fort incertaine, si on la tire de l'Étranger; & ici tout retard est dangereux. Le Parlement de Bordeaux avoit levé la défense de sortir des farines pour les Colonies; mais le peuple en mouvement dont les inquiétudes passées s'étendent sur l'avenir, a fait craindre au Parlement & à la Commune, que cette exportation ne fût troublée, & a porté ces deux Corps à restreindre la sortie à un baril de farine par tonneau (1). Les navires qui sortent de

----

(1) Durant le cours de l'impression de ce Mémoire, nous apprenons que ce Réglement est déjà en pleine exécution. Le navire le *Néville*, de Bordeaux, actuellement expédié, du port de 800 tonneaux, porte à St. Domingue 800 barils de farine pour sa cargaison, & en outre 1200 autres barils pour la nourriture des Troupes.

Bordeaux annuellement pour nos Colonies, jaugent ensemble environ 80 mille tonneaux. La consommation annuelle des Colonies, s'éleve à 240 mille barils de farine. Ainsi Bordeaux ne pourroit fournir que le tiers de la consommation annuelle. En adoptant pour les autres ports de France le moyen que Bordeaux vient d'employer, on portera dans nos Colonies 250 mille barils de farine ; car c'est à peu près à 250 mille tonneaux qu'on doit évaluer le tonnelage général des navires nationaux qui font le Commerce de nos Colonies. Mais il est absolument indispensable que les Municipalités employent toute leur vigilance & la force co-active qui est en leur pouvoir, pour préserver les armateurs des insultes du Peuple.

Il ne peut y avoir de disette de grains après une récolte abondante dans presque toutes les provinces ; & la libre circulation rétablira le niveau dans les provinces qui n'ont pas été aussi bien traitées ; mais il y a disette de sûreté pour ceux qui ont coutume de garnir les marchés, de former les magasins des villes, & de pourvoir aux besoins des provinces. Le terrible mot d'*Accapareur* est devenu un signal de proscription & de massacre.

Au défaut du pouvoir exécutif, dont la force détruite ne peut être récréée tout-à-coup, l'Assemblée Nationale jugera dans sa sagesse, si elle ne pourroit pas employer les exhortations de MM. les Curés.

Ces miniſtres de paix, les confidens du pauvre peuple, en prêtant à la raiſon l'attrayant langage de la charité qui leur eſt ſi naturelle, prépareroient peut-être le retour de l'ordre & de la tranquillité.

Les 240 mille barils que les Colonies conſomment annuellement, ne font pas un jour & demi de la ſubſiſtance de 26 millions d'hommes. Ces 26 millions d'hommes conſomment en un jour & demi 58,500,000 livres de pain; & les 240 mille barils de farine, à 225 livres chacun, ne donnent que 55,000,000 livres de pain.

Ils ne repréſentent que la nourriture annuelle de 100 mille hommes qui conſommeroient 54,750,000 livres de pain.

Suppoſons 100 mille Juifs Polonais fuyant une perſécution ſanglante, ou 100 mille Hollandais ſe dérobant à la tyrannie des Stathoudériens, & cherchant un azile chez la Nation la plus douce & la plus hoſpitaliere de l'Europe. Les premiers ſont un horde proſcrite, diſſéminée chez toutes les Nations, qui la couvrent, peut-être trop injuſtement, de mépris. Les autres ont été long-tems nos ennemis, ſont encore nos rivaux, & leurs opinions religieuſes different des nôtres. Semblables aux ennemis des anciens peuples, qui devenoient ſacrés dès qu'ils étoient admis à toucher leurs Dieux domeſtiques, ces deux peuples ſeroient nos freres & nos amis, dès qu'ils auroient mis un pied ſur le territoire François; 26 millions d'hommes ne se réuniroient pas pour chasser des Étrangers qui demandent l'hospitalité à la liberté naissante. Si quelqu'un élevoit sa voix contr'eux, l'indignation publique l'étoufferoit bientôt. La Nation ceindroit avec gloire cette premiere couronne décernée à ses travaux & à son courage. On ne calculeroit pas ce que leur subsistance pourroit coûter ; & si des inquiétudes vagues naissoient, une comparaison bien simple calmeroit toutes les allarmes; on verroit que 100 mille hommes d'augmentation en France ne prennent pas un jour & demi de la subsistance de 26 millions d'hommes.

Ici, ce ne sont point des Étrangers, ce n'est point un excédent de population qui demande du pain ; ce sont nos freres, nos amis, des François ; c'est une partie intégrante de la Nation ; ce sont 100 mille riches manufacturiers qui n'ont pas de territoire, mais qui versent dans le trésor national 240 millions ; c'est enfin, comme si une de nos villes de province, de 100 mille habitans, manquoit absolument de pain : aucun motif raisonnable ne pourroit nous empêcher de la secourir.

Il reste à justifier notre opposition à la prétention de MM. les Députés d'ouvrir tous les ports d'Amirauté aux farines étrangeres. Nous ne la discuterons pas sérieusement, parce que comme nous avons de MM. les Députés l'opinion qu'ils ont

[46]

la contrebande en horreur, nous penfons qu'ils n'infifteront pas fur un projet qui lui donneroit la plus grande activité. En effet on ne peut furveiller les Étrangers, & même très-imparfaitement que dans les trois grands ports d'entrepôt : fi les autres ports étoient ouverts, la multiplicité & en quelque forte l'obfcurité des lieux du débarquement, rendroient la furveillance impoffible. D'ailleurs ces trois grands ports font en tout tems les cheflieux où fe tiennent les navires nationaux ; & de ces ports part tous les jours fans exception une foule de caboteurs & de bateaux de paffage, dont la fonction eft de diftribuer dans toutes les parties de la côte les approvifionnemens, & de fe charger des denrées coloniales en retour. Les navires nationaux ne fréquentent même habituellement que ces trois ports : nous en excepterons cependant St. Marc & Leogane où ils abordent ; mais le premier port eft à 12 lieues du Port-au-Prince, & le fecond à fept lieues. Les verfemens font faits dans une journée, & la nature des prifes reglées n'y apporte jamais de retard.

A Verfailles, le 24 Septembre 1789.

Signé,

Roftagny, ... } *Députés de Marfeille.*
Abeille, ...

Boyetet, ... *de Bayonne.*

Cerbun, ... }
Bechade, ... } . . . . . de Bordeaux,
Marchand, ... }

Nairac, ... de la Rochelle.

Mosneron aîné, ... }
Mosneron de l'Aunay, } . . . . de Nantes.

Puchelberg, ... de l'Orient.

Bodinier, ... }
Quesnel, ... } . . . de Saint-Malo.

Blanche, ... }
Legrand, ... } . . . . du Havre.

Deschamps, ... }
De Montmeau, ... } . . . . de Rouen.
Dupont, . . . , ... }

Niel, ... de Dieppe,

De Bray, ... }
Du Rieu, ... } . . . . d'Amiens.

Gosselin, ... de Dunkerque &
                                     de Lille.

Après avoir fini ce Mémoire, & sur le point de
le remettre à MM. les Commissaires, nous avons
reçu plusieurs lettres de St. Domingue qui nous ap-
prennent qu'au 31 Juillet, la plus belle farine n'y
valoit que 132 liv. le baril, argent de l'Amérique.
Ce prix, ordinaire pour peu qu'il y ait rareté,
prouve d'abord, qu'on est bien loin d'y craindre
la disette; car le moment du 31 Juillet où on nous
écrivoit, doit être celui de la plus grande rareté.

La récolte des États-Unis pourvoira abondamment aux besoins ultérieurs. Ce prix nous prouve encore que nous avions été mal informés, lorsque nous avons écrit dans ce Mémoire que toutes les Nations se disputoient les approvisionnemens, & étoient dans un véritable état de guerre. Enfin ce prix de 132 liv. prouve sans replique que les états fournis par MM. les Députés, signés par M. du Chilleau, de l'approvisionnement de la Colonie de St. Domingue à son départ pour France, ne sont pas exacts. M. du Chilleau n'a observé aucune des formes qui lui étoient prescrites pour constater la disette & en dresser les procès-verbaux. Il devoit les faire dresser concurremment & en présence de M. l'Intendant ou des Commissaires qui le représentent. Il devoit prendre l'avis des Chambres de commerce. Nous transcrirons ici un extrait de la lettre de M. le M^{al}. de Castries aux Administrateurs des Colonies, en date du 13 Novembre 1784.

  « Il y a sans doute quelques circonstances, dans
» lesquelles ils (*les Administrateurs*) doivent venir
» aux secours des Colonies confiées à leurs soins,
» en permettant l'introduction étrangere d'objets de
» premiere nécessité, dont on pourroit craindre une
» trop grande disette ; mais ils ne peuvent user de
» cette ressource avec trop de circonspection. Le
» haut prix d'une denrée n'est pas un motif suf-
» fisant pour en tirer de l'Étranger: les habitans des
                      » Colonies

» Colonies doivent s'attendre à payer quelquefois
» très-chérement des objets que le commerce à
» fon tour eft forcé de leur céder à très-bas prix
» & à perte. Vous jugerez vous-même que fans ces
» dédommagemens, la balance ne feroit pas égale.
» Vous n'accorderez au furplus que des permiffions
» générales & jamais de particulieres ; & avant
» d'en venir là, vous en conftaterez la néceffité
» par des procès-verbaux de vifite, ainfi que par
» des avis des Chambres du commerce. »

Si M. le Mis. du Chilleau s'étoit conformé à cette lettre & à fes inftructions particulieres , ces procès-verbaux faits légalement auroient donné une véritable connoiffance de l'état de St. Domingue ; au lieu que les états qu'il fournit n'ont ni l'authenticité , ni le caractere légal qui feuls peuvent leur donner force de preuves. Ils font dreffés & fignés par des officiers militaires ou de Finance, qui n'avoient aucune qualité , & les Chambres de commerce n'ont pas été confultées. Il ne paroît pas même qu'on ait fait aucune recherche dans les magafins ni chez les fpéculateurs ; & ces états ont l'air d'un ouvrage d'imagination. Nous fommes donc fondés à croire que les Colonies n'éprouvent dans ce moment qu'un renchériffement fort ordinaire fur le prix des farines , & par conféquent que l'Affemblée Nationale peut, fans craindre de compromettre la fubfiftance des Colonies , déclarer *qu'il n'y a lieu à délibérer.*   D

Indépendamment du motif que nous venons d'offrir pour appuyer ce décret , nous ajouterons celui d'une Lettre que le Roi vient de faire écrire aux Administrateurs de nos Colonies pour leur enjoindre d'ouvrir les ports d'entrepôt aux farines étrangeres jusqu'au premier Février prochain , & de l'expédition d'un *aviso* aux États-Unis pour les en informer.

Versailles, le 24 Septembre 1789.

Signé,

Rostagny, Abeille,	*Députés de Marseille.*
Boyetet,	*de Bayonne.*
Corbun, Bechade, Marchand,	*de Bordeaux.*
Nairac,	*de la Rochelle.*
Mosneron aîné, Mosneron de l'Aunay,	*de Nantes.*
Puchelberg,	*de l'Orient.*
Bodinier, Quesnel,	*de Saint-Malo.*
Blanche, Legrand,	*du Havre.*
Deschamps, De Montmeau, Dupont,	*de Rouen.*
Niel,	*de Dieppe.*

[51]

<table>
<tr><td>De Bray, ...</td><td rowspan="2">}</td><td rowspan="2">. . . . . . d'Amiens.</td></tr>
<tr><td>Du Rieu, ...</td></tr>
<tr><td>Goffelin, ...</td><td></td><td>de Dunkerque & de Lille.</td></tr>
</table>

L'un de nous, *M. Corbun,* de Bordeaux, reçoit dans le moment une lettre de Bordeaux que nous joignons à ce Mémoire en original. Cette lettre décide abfolument la queftion, & déterminera sûrement l'Affemblée Nationale à prononcer fans héfitation, *qu'il n'y a lieu à délibérer.* Elle éft extrémement intéreffante dans la circonftance préfente, en donnant les plus grandes efpérances d'approvifionnement, non-feulement pour nos Colonies, mais même pour la France.

LETTRE *de M. Barboutin à M. Corbun, député du Commerce de Bordeaux auprès de l'Affemblée Nationale.*

Bordeaux, le 22 Septembre 1789.

M.

Pour avoir l'honneur de répondre à la demande que vous m'avez fait faire par M. votre Neveu.

Le port de la nouvelle Angleterre, où la farine eft la plus belle & la plus abondante, eft Philadelphie, où tout fe traite en grand.

Mais la faifon eft bien avancée pour rifquer à y aller, & fe propofer d'en reffortir pour nos Colonies, avant le mois de Février. Quelquefois

D 2

la Delaware eſt gelée & n'eſt point navigable à
cauſe des glaces depuis la fin de Novembre juſ-
qu'à la fin de Février ; & j'ai été témoin qu'il y
a des années que la Delaware ou la Deloire eſt
navigable ſans interruption, du 1er Janvier au dernier
de Décembre, & d'autres années où elle a été inna-
vigable 3 mois de ſuite, ſans un jour d'intervalle.

. A Baltimore on y trouve beaucoup de farines
de toutes les qualités ; & l'on peut mieux en ſortir
& plus aiſément l'hiver, parce que comme l'eau y
eſt ſalée, elle n'eſt pas auſſi ſujette aux glaces, que
l'eau douce.

A Alexandrie & à Georgetown, tout-à-fait
dans le haut de la riviere de Patowmack, on y
trouve de ſuperbes farines en abondance, & à
meilleur marché, parce qu'il n'y a pas autant de
concurrens.

Mais comme il faut monter dans une rivière
fort longue & difficile, on eſt ſujet à y être rete-
nu dans l'hiver fort long-tems par les glaces & par
les vents d'Eſt, c'eſt-à-dire, depuis le Nord - Eſt,
qui ſont droit debout, qui y regnent ſouvent dans
cette ſaiſon.

On peut auſſi aller à Edevelek qui eſt à la tête
de la baye de Cheineck, qui n'eſt qu'à 12 ou 15
milles de Philadelphie, où l'on peut ſe procurer
de la farine par la voie de Philadelphie & par
terre ; mais à cauſe de l'exportation, elle devient

beaucoup plus chere : l'eau y eſt ſalée, & moins
ſujette aux glaces ; mais je n'ai vu ce cas qu'en
tems de guerre.

Il faut obſerver qu'il s'y paſſe des deux ou trois
années de ſuite où tous les ports de ces pays-là ſont
navigables, toute l'année ſans interruption ; mais
j'en ai vu pluſieurs bien mauvaiſes & bien contraires à la navigation.

Le 23 Juillet dernier, le baril de farine peſant
196 livres, valoit 37 ſchelings & demi, ſuivant le
prix courant de ce pays-là, que Meſſieurs French &
Neveu m'ont fait voir dans une lettre de la Maiſon
de MM. Willing, Morriſe & Souwick de Philadelphie, avec eſpoir de baiſſer à 32 ſchelings 6
pends, à cauſe de la belle récolte à moiſſonner.

Le boiſſeau de bled peſant 58 livres, valoit à la
même époque un dollar ou 7 ſchelings 6 pends, avec
l'eſpoir de baiſſer à 6 ſchelings.

Le dollar eſt chez nous la piaſtre gourde : elle
vaut à Alexandrie qui eſt en Virginie, 6 ſchelings ;
& de l'autre côté de la riviere, qui eſt dans le Ma-
ryland, elle y vaut 7 ſchelings & demi, comme à
Philadelphie.

New-Yorck eſt le port le moins ſujet aux glaces ;
& j'ai toujours oui dire que l'on entroit & ſortoit
du port, toute l'année, ſans interruption. Il y a des
farines ; mais je n'en connois point la qualité ni
le prix courant, ni perſonne ici dans ce moment.

Je me fuis informé à plufieurs Capitaines Amé-
ricains, arrivés ici depuis fept à huit jours, qui
m'ont dit, de même que MM. French, que la récolte promettoit beaucoup de bled, & qu'il pourroit
baiffer à 6 fchelings le boiffeau, de 58 à 60 livres
pefant. Vous aurez la bonté d'obferver que le
fcheling vaut 12 fols par tout le Continent, qui
veut dire en Anglois 12 pends.

Depuis votre départ, il y a plu de trois jours
deux : je ne puis pas finir de doubler à caufe de cela.

Je ne puis, pour le préfent, vous donner d'autres inftructions fur la farine & fon prix dans le
Continent de l'Amérique feptentrionale.

Je me trouverai toujours bienheureux quand
vous voudrez m'employer en tout ce qui dépendra
de moi, & en tout ce que vous voudrez, avec bien
du plaifir.

J'ai l'honneur d'être, &c.

N. B. A New-Yorck, le dollar y vaut 8 fchelings,
& toujours 12 fols le fcheling ou 12 pends.

Après ma lettre fignée, & l'apoftille ci - deffus
écrite, j'ai trouvé M. Linch neveu de M. French,
qui m'a dit que la lettre du 23 Juillet dernier de
MM. Willing, Morrife & Souwick leur difoit : « La
» récolte eft fi abondante qu'il y a apparence que
» vous recevrez beaucoup de bleds & de farines du

» *Continent chez vous, cette prochaine Automne* ».

A Versailles, le 24 Septembre 1789.

Signé,

Roſtagny, ... }	*Députés de Marſeille.*
Abeille, ... }	
Boyetet, ...	*de Bayonne.*
Corbun, ... }	
Bechade, ... }	*de Bordeaux.*
Marchand, ... }	
Nairac, ...	*de la Rochelle.*
Moſneron aîné, ... }	*de Nantes.*
Moſneron de l'Aunay, }	
Puchelberg, ...	*de l'Orient.*
Bodinier, ... }	*de Saint-Malo.*
Queſnel, ... }	
Blanche, ... }	*du Havre.*
Legrand, ... }	
Deſchamps, ... }	
De Montmeau, ... }	*de Rouen.*
Dupont, ... }	
Niel, ...	*de Dieppe.*
De Bray, ... }	*d'Amiens.*
Du Rieu, ... }	
Goſſelin, ... *de Dunkerque & de Lille.*	

A VERSAILLES,

DE l'Imprimerie de PH.-D. PIERRES, Premier
Imprimeur Ordinaire du Roi, rue S. Honoré. n°. 23.

www.ingramcontent.com/pod-product-compliance
Lightning Source LLC
LaVergne TN
LVHW021151200726
843510LV00001B/298